JN409269

물방울꽃들은
바다로 흐른다

김 원 시집

시는 내 생명이다
나는 시를 사랑한다
한국인(코리아인)에 3년간 연재했던
시를 중심으로
시 1000편 중 65편만 선정하여 낸다
부드럽게 흐르는
모든 것은 아름답다
하늘을 관통하는
힘찬 자유의 화살처럼...

이 시대를 함께 살아가는
모든 분들과 따뜻한 가족
늘 산책하던 봉제산 어린 풀잎들에게
존귀하게 빛나는 시의 영혼들에게
이 시집을 바친다

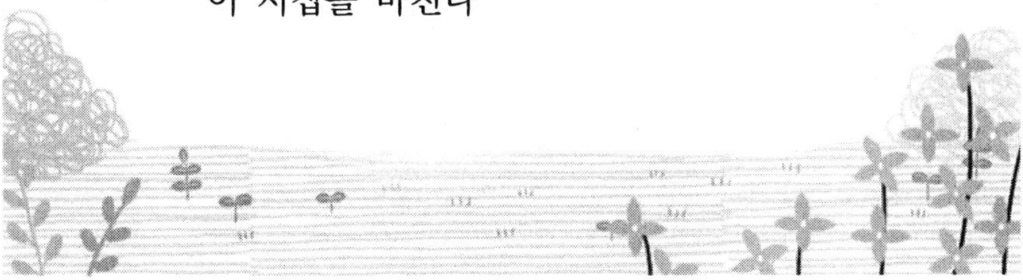

1
겨울참새

2
낙서(洛書)

3
작은 섬

4
물방울 꽃들은 바다로 흐른다

1

겨울참새

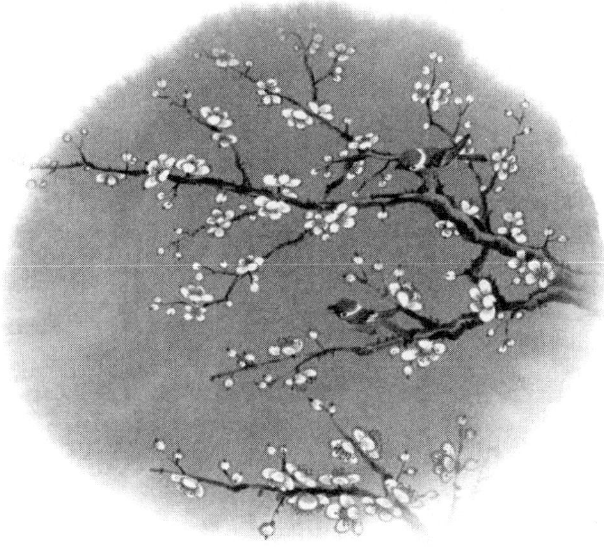

1
겨울참새

오늘은 겨울참새도
추운가 보다
눈꽃 핀
나목 위에
생명들
단가(短歌)의 노래로
“흰눈” 의 합창을
하고 있다

2
길

고요의
전율과
타는 빛으로
가시는 길
촛불 담아
가시는
그리운 길

11
그대 얼굴

꽃이 울어버린
하얀 빈자리에
꽃이 건네준
사랑스런
그대 얼굴이 있다
꽃은 울고
꽃은 웃고
꽃은 다시
피어나려한다

15
봄

전설의
화창한 봄이
눈을 멀게 할까
눈을 뜨게 할까
눈을 아프게 할까
오!
순결히
솟아나는
나의 봄이여

56

우주적인 아주 우주적인 사랑의 말

예쁜 꽃신 신고
떠나려는 당신을 바라보며
아무런 말도 하지 못했습니다
색동저고리는 버들잎을 뒤로하고
봄바람에 날리고 있습니다
풀빛에 물든 고적한 뜰아래
당신은 당신은 들꽃만 받아들고
우두커니 선채로입니다
희고 고운 얼굴은 너무나 아름다웠습니다
우리들은 서로서로 멀어져가고
흘리었던 눈물은 이제 보이지가 않습니다
기나긴 세월 흐르고 별빛의 밤도
흐르듯 다가옵니다
아득히 머나먼 은하와 은하의
바다 위에 "예쁜 꽃신, 버들잎과
색동저고리, 고적한 뜰과 들꽃

말없이 흘리었던 눈물, 그리움과
타버린 사랑의 기억" 들이
조금씩 조용히 빛나기 시작합니다
이것이 사랑의 신비입니다
우주적인 가장 우주적인
사랑의 말(言)들입니다
돌아올 줄 모르는
사랑의 우주적인 말들입니다

76
오래된 사랑이야기

NO.1

어느 봄날인가

살구꽃도 만발하였다

그 애와 그네를 타고 있다

아침햇살이 뽀얀 얼굴을

더 희어지도록 만들어주었다

단발머리는 흔들거렸다

종소리가 땡, 땡, 땡

풍금소리에 맞추어

함께 노래를 불렀다

지금은 들을 수 없는

고왔던 그애의 목소리였다

NO.2

학교 문 열면 새파란 뽕나무

서너 그루 서있다

작은 운동장이 또한 보인다

언제나 그러했듯
계집애들은 공중에 오르다가
뛰어내리는 고무줄놀이를 자주하였다
색색의 치마들이 펄럭거린다
누구의 속살인지 보일듯 말듯하다
내 일기(日記) 속에는
누구의 얼굴만이 예뻤다고
희미하게 씌어져 있었다
낡은 글씨들이 웃는 듯하다

NO.3
전학 온 그 아이는
키가 무척이나 작아보였다
책을 또렷또렷하게 잘 읽었으므로
우리는 그 아이를
아기종달새라 불렀다
가끔씩 책 읽던 그 아이가 생각난다
내가 많이는 아니지만
조금은 좋아했던 것 같다
서촌(西寸)의 새집에 들러
오늘은 종달새 같은 것도 보고 싶다
아마, 그곳엔 아기종달새는 없을거다

NO.4

어떤 이름을 가진 그 아이는
옥이와 순이와 자매처럼
다정해 보였다
모두가 싱그러운 사과나무 같았다
어떤 아이의 뺨은
언제나 붉으스레 달아있었다
이상하게도 내 맘을
뜨거워지도록 만들어주곤 했다
새봄 돌아와
어떤 아이 처녀가 되었을 때
그 아이의 이름은
다시 부를 수가 없었다
아주 멀리
말도 없이
떠나갔다고 한다

NO.5

구부러진
논길따라 걷다보면
숲을 지나 작은 오솔길이 뻗어있었다
꽃무늬 새겨진 단벌의 원피스와

뛰고 있었다
뛰고 있는 아이는
산 소년이 되고 싶은 나였다
잠자리채 강아지 그려진 손가방 들고
단별의 원피스는 계속 웃기만 한다
무척 해맑아 보인다
함께 있는 내가
무척이나 좋았었다고
어른이 되고 나서야
수줍음 타며 이야기 했다

NO.6
꽃밭에는 모든 아이들이
둘러서있다 병아리처럼
옹기종기다
오색의 채송화가 소복하다
노란개나리꽃은 신나게 물감을
풀어놓았다
꽃구경 한답시고
누가 누구의 얼굴만 바라보고 있다
그래! 저 꽃이 너무 예쁘다
아니야! 이 꽃이 더 예쁜 것 같아

누가 누구의 손위에
꽃 한 송이 꺾어주었다
지금도 꽃구경 한답시고
누가 누구의 얼굴만
떠올리려고 한다

NO.7
작은 연못엔
금붕어 몇 마리뿐이다
봄비가 부스스 나리기도 하면
연못은 조그만 실바람에 떨기도 했다
그 애가 연못가에 와
금붕어에게 말했다
우산 씌워줄까?
비 맞지 말아라
비 맞지 말아라
내 하얀 우산 씌워줄게
그 애는 아름다운 사랑의 시간을
금붕어에게 주고 있다
그 애의 정원에도
몇 마리의 금붕어가 살고 있다고 한다
어여쁜 그 애였다

티 없는 사랑 느낄 수 있도록

NO.8

손수건으로 눈물을 닦아주었다
그 애가 언덕위에서 넘어져버렸다
뭉게구름과 무지개 따라가다가…
내일은 운동회날!
무릎은 파랗게 멍들고 있다
이제 그 애는 울지 않는다
내일이 오면
함께 손잡고 달리는 꿈
하늘에 그려 보는 것 같다

NO.9

수업이 끝나면
모두가 사라지고
아무도 그곳에 없다
그 애 이름 두 글자
손가락으로 쓴다 고운 모래 위에…
너 거기서 뭐하니?
그 아이의 목소리이다
해가 기울 때면

그 아이의 목소리가
불현 듯 들려오기도 한다

NO.10
“가시밭에 한 송이
흰 백합화 고요히 머리 숙여 “
봄 소풍 노래자랑이다
꽤나 잘 불러 제일이 되었다
12가지의 색연필이 선물이다
그 애가 나보다 더욱 좋아했나보다
“우리 집에 풍금이 있어
우리 집 정원에 백합도 피어있어”
“언제 우리 집에 놀러와 꼭 놀러와”
지금도 기다리고 있는 걸까?
그 애가
보고 싶을 때는
흰 백합화가 피어날 때다

NO.11
반바지 내리고
나무 뒤에서 짠물을 쏟아 내었다
그 애가 얼핏 다가와

곁눈질로 바라보았다 야!
그 애가 깔깔 웃고 있다
그리곤 달아나 버린다
반바지를 입는 날이면
지금도 씁씁한 웃음이 절로 나온다
쾌활했던
꽃과 같은 그 애도
비슷한 바지를 입어보았을까?
몰래 다가가 뽀얀 엉덩이
살짝 볼 수 있을는지…

NO.12
"푸른 하늘 은하수 하얀 쪽배…"
우리들의 합창은
맑고 아름다웠다
사랑하는
모든 아이들은
음악 시간을 매우 좋아했다
쪽배를 타고
노를 저으며
푸른 하늘 은하수를 따라
노래 부를 줄 알았다

NO.13

졸업식은 울음바다다
흰눈이 펑펑 나린다
계집아이들은
모두가 훌쩍 거렸다
내가 누구를 가장 좋아했었나?
누구는 엉뚱한 생각만 하고 있다
두 눈이 퉁퉁 부어올라
그가 그 계집아이 같다
하룻밤 뒤척거리면
정말로 누구를 좋아했는지
알 수 있게 될까?
너무도 생생한 계집아이들이었는데...
그때를 그리면
가슴이 조금은 뭉클하다

NO.14

이것도 먹어봐!
알사탕 하나를 내게 주었다
그 아이의 볼은
벌써 달처럼 둥글다
철쭉은 붉게 물들어 있다

아주 달콤하다고
조그만 입술을 꼭 다문채로 있다
손에 받아 한참을 바라보았다
"하얀 박하사탕이다"
그 아이가 건네준
"하얀 박하사탕"
지금도 가슴 한편에서
끈적거리고 있다

NO.15
동창회는 작은 풍경화였다
30년 전이므로
20대 중반이 되어서이다
처음이었고
아직은 더 이상은
가지를 못하였다
지나간 기억에 취하여
모두가 그리움들을 풀어놓았다
모두가 모두를
무척이나 좋아했다고 한다
이제는 모두가
서로서로

사랑도 하고 싶단다
오래된 일들이지만
함박눈이 나렸던
그 겨울의 작은 동창회는
지워지지 않고 있다
오늘도
아름다운 날들이
흘러가고 있다

16
사랑의 창고

이 우주(宇宙) 안에
이 우주(宇宙) 밖에
사랑의 창고는
어디에 있나
어떤 보석의
색(色)으로
눈뜨고 있나
홀로이
홀로이
어느 행성(行星)을 향해
날아가고 있나

78
구토

나는 토한다
누가 토하지 말라해도
나는 토한다
온몸이 부서지도록
나는 토한다
내가 삼키었던
세상의 온갖 쓰레기를
쉬지 않고 나는 토한다
종소리가 울리고
허공이 깨어지도록 나는 토한다
문명(文明)의 찌꺼기들을 모두
토한다
절망과 두려움들도 모두 토한다
어두움과 비겁함들도 모두 토한다
나는 토한다
아침이 되고 밤이 되어도
세상의 온갖 혼미스러움을

모두 토한다
물이 되어버린
빛들을 마시어가며...
구토를 하면 기뻐진다
구토를 하면 즐거워진다
구토를 하면 새로워진다
누가 토하지 말라해도
나는 토한다
비워버리고 가벼워지므로
생명은 채워지는 것이다
구토는 아름답다
구토는 이렇게 명백하다
토할 줄 모르고 산다는 것은
부끄러울 수 있다
채우다 보면
모든 것이 부패되기 때문이다
나는 모든 것을 토하려 한다
우리들의 새날을 기다려가며...
나는 토한다
다시 토한다
내일도 오늘처럼
토할 수 밖에 없다

121
오래된 숲에서

운둔하지 마라
그대 맑은 눈도 감지마라
거룩하고 외경스런 숲이여
어둔 밤 지나 새벽이 오면
부서지는 빛의 파도
찾아와 비추리니
운둔하지 마라 서러워하지도 마라
고요히 서로를 희락했던
짙푸른 생명의 숲이여
긴긴 침묵과 목마른 갈증
속 시원히 떨쳐버릴
환희의 빛줄기 쏟아지리니
운둔하지 마라 겁도 내지 마라
혼탁한 세상 부둥켜안고
울고 있는 모성(母性)의 숲이여
그대 자애로운 가슴 힘껏 안아줄
바람과 사랑의 발길들
나즉히 찾아오리니

다시는 운둔하지 마라
사라져 버리지 마라
절망의 먼지 쓸어내리고
깊은 잠도 들지 마라
고개 돌려 서글픈 외면도 하지 마라
따스히 솟는 흙냄새도 잊지를 마라
부끄러웠던 우리의 눈과 영혼들이
그대 성스러운 나뭇잎들을
다시 바라다 볼 수 있도록…

2

낙서(洛書)

127
낙서(洛書)

무엇을 무엇으로
지우지 않기 위해
낙서를 한다
그 무엇도 쉽사리
잊을 수가 없기에
괜한 낙서를 한다
물빛 종이는
자꾸 간지러움을 탄다
그 무엇의 소중함을
흔한 듯 버릴 수 없기에
실타래 풀려오는
기억의 신호들을 움켜잡는다
다시 낙서를 한다
손가락을 조아려
물빛 종이 위에
괜한 낙서를 한다
그 무엇을 무엇으로

내던질 수 없기에
용서와 자유의
낙서를 즐겁게 한다
그 무엇은 무엇으로
지워질 수 있기에
물빛 종이
큰 웃음 터질 때까지
인내의 낙서
남모르게 한다

131
비오는 날의 처마 끝

그곳은
위대한 생존의 중간지대
모든 것을 흔쾌히 받아
거리낌 없이
모든 것을 떨구어준다
평수(平數) 없는 손바닥
굵은 장대비 흐르게 하고
지독한 바람 받아
흩어지게 했다
그곳은
위대한 거룩의 완충지대
장중한 계절의 온갖 타령을
슬며시 슬며시
하나의 선(線)으로
하나의 흰 치아로
다스려 주었다
그곳은

물과 빛과 존재의 열매가
달려있는 곳
그리곤 후회없이 사라지는 곳
부드러움을 알고
사랑의 때를 일고
버려야할 것을 알고
받아야할 것을 안다
아름다운 세상을 이해하며
진지하게 모든 걸 받아들였다
그곳은
힘써 매어 달릴 수 없는 곳
부자연스럽게 안주할 수 없는 곳
처마끝으로부터
우리는 자유로울 수 있겠는가
비오는 날의 처마끝이
평화롭다

133
타인의 감정(感情)

타인이므로
연약한 내 감정의 집에
머무를 수 없다
타인이므로
피곤해지도록 또한 기쁠 수 있도록
사랑해야만 한다
차가운 얼음꽃 우에
고요한 촛불 하나 비추어오듯
그대 타인이므로
거룩한 모습의
타인 같은 그대이어야 한다
세상 읽어가는
아름다운 감정은
그대의 것이다
새롭게 만들어지는 역동적인 꿈도
그대의 것이다
타인이므로

그대는 성숙으로 무르익고
연약한 내 감정의 장막을
건너갈 수 있다
그대는 나의 타인이므로
타인이 되어버린
나의 타인을
상쾌하게 어루만지며
위로할 수가 있다
피곤해지도록
피곤해지도록
모든 것을 사랑할 수가 있다
타인 같은 그대의 빛나는 감정은
가히, 절대적이다
그대는 투명한 타인

135
짚신과 꽃신

누군가 만들어준
단아한 짚신과 꽃신
이웃 골에서 주워온
사내 등 같은 디딤돌 우에
나란히 놓여있네
호롱불 아래
단내 나는 사랑은
끝이 날 줄 모르고
푸르고 깊은 밤은
홀로 달아나기만 하네
여울바람에 흩어진
어린 살구꽃
앞뜰 어귀에서 기웃거리고
까닭 알 리 없는
두족의 혼(魂)
커다란 귀 살며시 닫고

아름다운 세월
자족하고 있네

136
산행

눈동자 어느 구석에
다닥다닥 붙어있을
희미한 욕정의 냄새와
분노의 기름진 때를
투명하고 맑은
떡갈잎 하나 꺾어 털어내었다
명경(明鏡)의 자연은 잠시 잊는다
마음 조이듯 흰 운동화끈 단단히 조여맨다
힘겨운 발걸음은 똑바로 하고
너무나 양심적인 순결한 산의 자궁 속을
조용히 다시 걷는다
오르는 것은 고단하지 않게
즐거워야한다고 속으로 중얼거린다
새소리 빌어와 새 같이 노래하고
깊은 물소리 두 손으로 끌어
비어있는 영혼의 작은 그릇에 담아본다
살아있다는 것의 온갖 불협화음을

훨훨 날려보냈다
어린 잎들 펼치어 딱정벌레 집 만들어주고
예쁘게 피는 들꽃들은 바람에 흔들리었다
무엇이 아름다운가를 보라고 한다
경이로운 무언(無言)의 자태가
차라리 인간적이다
뭉클한 가슴을 보듬었다
붉은 저녁놀 언제 푸른 산에 스미고
커다란 산 그림자
풀물 젖은 내 허리춤 잡고 있다
좋은 때 다시 찾아와
하고 싶은 말 다 하라고 한다

147
숨은 그림 찾기

1.

여름바다 산기슭의
작은 예배당을
조심스레 찾아본다
거품 이는 하얀 바닷물
쏜살같이 그 곳으로 달음질하면
거칠었던 파도
허기지고 지쳐버려
깊은 바다의 내장 속으로
들어가 버렸다
잠시 눈 감았다 다시 뜨면
빛 반짝거리는
조그만 영혼의 안식처가
정돈된 푸른 나무에 둘러싸여
환하게 웃기 시작한다

2.

기도하는 성모마리아를
찾으라 한다
마음의 눈이
칠흑같이 어두워
누구의 사랑도
자꾸만 메마르는 것 같아
자신이 없어진다
어둠 찾아든
도시의 매혹적인 허상들이
전체 배경이다
아무리 곰곰이 생각해봐도
어떤 소리에 조용히
귀 기울여볼 때
눈의 창(窓)이 열리어
찾을 듯하다
충만한 즐거움은
바로, 그대의 기도

3.
상록수처럼 싱그러운
하트(♥) 모양의 젊은 쌀 한 톨을
찾아내라고 한다

표독스런 욕망의
검은 개들이 짖어대는
아주 재미있을 법한
어느 평야지대
먹고있던 일용(日用)의
쌀 모양에 익숙하여서
사방(四方)으로 눈 돌려보아도
그런 것 보이지 않네
"얼어있는 마음의 풍차를 돌려보세요"
(누구의 부탁이었는지 아직은 잘 모른다)
그 속도 빨라지어
들녘의 바람도 익어버렸다
울부짖었던 시대의 개들도
시커먼 욕망들도 익어버렸다
하트(♥) 모양의 쌀 한톨을
어디에서 찾나?
스스로 보이지 않는 것
그러므로 다시 볼 수 없는 것
다시 느낄 수가 없는 것
스스로의 영혼이 익어가지 않으면
그것은 다시 찾아낼 수가 없다

4.

색깔없는 꽃을 찾으라 하기에
얼음꽃, 눈꽃, 투명한 안개꽃
생각했는데 틀리었다고 하네
무슨 말이냐고
버럭 화부터 내었는데
난데없이 숨은 그림 찾기 종이 위에
바라볼 수 없는
오직 향기만이 진동하는
눈부신 꽃밭이 생기어지었네
"색깔 없는 꽃이 향기로 된
꽃이라구요?"
"색깔 없는 꽃은 어떤 영혼의
꽃이라구요?"
"눈의 과오가 마음의 꽃까지 영향을
주고 있나?"
빠른 착각보다
늦은 이해가 좋은 거라고
그가 다정스럽게 위로해주더군요
이제야 색깔 없는 꽃의
깊은 뜻에 감사한다

5.
황금으로 만들어진
오래된 항아리 찾기는
매우 쉬운 것이었다
오래된 습관과
계산된 지향성이
문제해결에 엄청난 도움이 되었다
찬 기운 감도는 항아리 속에는
오래도록 흐르는
눈물의 강이 보였다
항아리 속에는
항아리 속 가장 밑바닥에는
무엇이 있었을까?
"희락과 꿈" 들이 있었을까?
어떤 사랑과
어떤 의지(意志)가 있었을까?
차분히 생각하고 있는 中

6.
날지 못하는 종이학을
꼭, 찾아보라고 한다
지금은 날지 못하여도

꼭, 어느 때면 날 수 있다고
찾아보라고 한다
문명이 너무 그리운 사람들은
조금은 어려울 테고
사랑이 넉넉히 그리운 사람들은
조금은 쉬울 거란다
손으로 만들어졌기에
불편하지 않고
가슴에 품어보았기에
따스함 느낄 수 있다
그래서 날지 못하는 종이학을
찾아야하는 것이란다
이윽고 종이학을 찾아
깊은 잠에서 깨운다
허술한 존재의 껍질이
될 수 없기에
가혹한 문명의 장식물로
되어버릴 수 없기에
두 날개 펴
활기차게 홰 치고 있다
날지못했던 종이학을
이제야 찾아내는 건가

161
가족

기다림으로 출발하는 거다
만남으로 다시 돌아오고야 마는 거다
성스럽게 고요한 어느 포구(包口)이듯
촛등 아래 희미한 불빛이라도
가슴 단정히 여미이며
기다림으로 소망스러워지는 거다
오래된 만남이 되어진다 해도
다시 기쁨으로 돌아오고야 마는 거다
은빛 물결 가르며
아침의 바다로 떠나가는 거다
그리움과 싱싱한 고기떼
한가득 싣고 금빛 파도 헤치며
풍요의 배로 돌아오고야 마는 거다
다시 그리움의 용기로 출발하는 거다
다시 사랑스러운 만남을 위하여
돌아오고야 마는 거다

낙원(樂園)이라는
가족의 꿈은
깨어지지 않는다
그토록 아름답고야 마는 거다
그토록 성스럽고야 마는 거다

200
아름다운 사람

쌀 한 톨의 우주가
입천장의 미로(迷路) 속을 넘어가려 할 때
빛들의 사계(四季)와 눈부시게 맑았던 하늘
구성진 바람의 소리들이
가득히 담겨져 있음을
겨자씨만큼이라도 느낄 수 있다면
아마도 그는
사랑이라는 넉넉한 가슴을 죄 없는 암탉처럼 품고 있을 거다
얼룩진 땀과 땀으로
기름지고 윤기 흐르는 쌀 한 톨이
때가 오면 만들어진다는 걸
아마도 그는
아주 오래전이라도
알고 있었을 것이 분명할 거다
아마도 그는
세상의 어떤 두려움이나

절여오는 숱한 고난들로부터
충분하게도 자유로울 수 있었을 거다
쌀 한 톨의 온전한 순교가
다시금 우리 몸의 깊은 곳에서
또 한 번의 부활을 하고 있다는 걸 깨닫는 순간
아마도 그는
"아름다움" 이라는 것에 대하여
진실로 접근하게 되는 사람일 거다
경미한 것일수록
보잘 것 없이 작은 것일수록
소홀히 판단하려 들지 않는다면
아마도 그는
아름다운 사람으로
되어갈 수 있을 거다

247
초롱불에 대한 짧은 연상

세상의 모든 꽃들과
겨울나무 가지 위에
하늘과 바람과 소리의
순결한 영혼 위에
휘어지도록 깊어지는
바다와 산맥과 청아한 밤의
굽은 등과 허리 위에
겸허한 땅 날아오르는
무수한 새들의 조그만 부리 위에
보이지 않고 흐르는
고요한 지하수의 정적한 표면 위에
그 이른 안개의 새벽
호젓한 그곳 산책하는
살빛 드러난 어린 생쥐들의 손등 위에
저 아늑한 들녘 선명히도 그늘진
차가운 능선의 가슴을 따라
홀로가 되어 남아있는

푸른 눈꽃들의 얼굴 위에
따스한 생명의 초롱불
하나씩 하나씩 달아준다
세상의 모든 꿈들이
짙은 어두움에 지치어갈수록
사랑과 빛의 잔재마저
희미하게 사라지려 할수록
요동하는 소망의 불꽃들은
기쁨을 켜듯 밝아져야만 했다
서늘하지만 아름다운 곳
저 연약한 다리 위 걷는 그대를 위해
그 초롱불 살며시 들어 내어건다

269
거지와 거지떼

노송(老松) 한 그루 서 있는
그 집 가까이 다가서도
반기는 이는 없다
스스로 낮아지려는 그가
산뜻하게도 앉은
양철 지붕 위 몇 마리 새들을
멈칫 바라다보며
홀로뿐이라는 것과
무엇을 구걸하고 있다는 사실을
까마득하게 잊고
세상 아주 먼 곳의
적적한 모습으로 서 있을
비슷한 처지의
비슷한 사람들을 떠 올린다
따스한 밥 한 술로 공복은 면하였는지
조금이나마 행복감은 느끼어가고 있는 것인지
서늘해진 그의 복부와 가슴을 쓰다듬는다

낯설지 않게 짖어대는 커다란 개의 거동이
그렇게 포악해 보이지는 않는다
아침을 해결할
반가운 신호탄이 될 수도 있을테다
그와 같은 시간 그 어느 곳의 한 편
푸른 색 지구의 말끔한 원반 위에
착취 근성이 매우 농후한
철저한 식탐의 거지 떼들은
광기어린 눈초리로
땅의 모래알까지
삼키어 버릴 것만 생각하고 있다

374
야생화의 고전적 반발

두 눈을 조용히 감고
답답한 보호막을 벗기어다오
투명한 하늘의 빛
하얀 목화구름이 그리워져
우람한 천둥과 번개소리
흙 냄새 피어나는
서늘한 장마도 기다려져
부드러운 바람 불어갈 때
청순한 입맞춤은
너무나도 따스하였다
가슴을 훤하게 열고
짓궂은 보호막을 벗기어다오
쓸모없는 동정도 가져가다오
속보이는 사랑도 거두어다오
변심많은 감탄도 그만해다오
벗을 것을 벗어버리고
말할 것을 말해버리고

보여줄 것 모두 보여주었다
이제라도
두 눈을 감고 가슴을 열고
너덜거리는 보호막을 불태워다오
보여지는 것 그대로 보아만다오
살아가는 것 그대로 살게 해다오
있어야 할 것 그대로 있게 해다오
깊이 사랑할 줄 아는
아름다운 그대들이여!
꺾지말고 꺾지말고
그대로만 그렇게
있게 해다오

208-1
붉어만 가는 동백(冬栢)

때 돌아와
붉어만 지어
하는 수 없이
창피할 뿐
너울지고 텅 비인
그대의 세월
저 한편
스스로 피어나는
한 송이 동백
찬바람은 거세어
붉은 꽃잎
순결히 떨었다
이미 그곳은
하얗게 빛나는
그대의 설국

3

작은섬

493
작은 섬

작은 섬에는 배가 없다
바람은 불어오지만
뱃길은 없다
사람을 태워야 할
그 배와 그 길이 없다
작은 섬에는
푸른 새벽의 안개만이 흐르고
배를 띄울
물 같은 것은 없다
창 틈사이의 수평선을
온종일 바라보아도
희망의 배는 보이지 않는다
어둔 밤
전등불 하나 밝혀 놓고
그 방에 솟아오른
작은 섬의 파도소리 듣는다

646
동토(凍土)

뜨거운 새
찬바람을 뚫었다
뜨거운 그것의 부리
얼음조각도 쪼았다
깊은 땅일수록
뜨거움이 있다
깊은 곳일수록
차가운 것을 품을 줄 안다
식어가는 사람아
저 동토(凍土)의 뜨거운 것들을
느끼어보라
불 같은 것들의
뜨겁게 타는 것을

510
잎의 세상

바람 불어
잎 하나 흔들리면
또 하나의 잎도 흔들거린다
바람 불어
잎 하나 춤을 추면
또 하나의 잎도 덩달아 춤을 춘다
바람 불어
잎 하나 노래하면
또 하나의 잎도 노래를 한다
비 오는 날
잎 하나 눈물 떨구면
모든 잎들도 함께 울어버린다
세월 흘러
잎 하나 떨어지면
모든 잎들도 주저함 없이
함께 떨어져버린다
찬바람 일어 잎 하나 썩어져 가면

탄식도 없이
모든 잎들도 함께 썩어져 간다
봄 눈 맞으며
맑은 세상 다시 찾는 날
그 잎 하나 다시 돋으면
또 하나의 그 잎도
웃어가며 다시 돋는다

577
목성(木星)의 가을

목성(木星)의 가을은
우리들의 꿈으로부터 눈을 뜬다
플라타나스의 거리가 있고
바람이 거센 낙엽의 길도 있다
푸른 달빛 저편에서 비추어오면
먼 기억의 연인들이 찾아와
깊은 가을날의 지상(地上)을
이야기하지
"무화과나무는 참으로 향기로웠지요
아름다운 애정의 순간들은
꽃처럼 맑게 피어나고 있었어요
몇 번을 회상하여도 후회의 일은
될 수 없어요
처음의 입맞춤은 그렇게 달콤했나요?
덩실한 새타령도 당신과 함께
불러보았지요
가을날의 꽃씨는 왜 그리도 많이

뿌리셨나요?
붉은 튜울립과 하얀 코스모스
보라색의 작약꽃 같은…
그리운 가을날을 낯선 이곳에
남겨두세요
힘겨웠던 당신의 날들도 모두
잊어버리세요
겨울이 오기까지 가을의 연인들은
이곳의 가을 속에 머물 수밖에 없어요
상냥한 여인과 쾌락의 신(神)들이
모두 이곳을 떠났기 때문이지요"
목성의 가을은
자비로운 시간으로부터 눈을 뜬다
플라타나스의 거리가 있고
바람이 거센 낙엽의 길도 있다

592
쌀 한 톨이 없는 날

텅 빈 쌀독은
거룩한 쌀 한 톨의
힘겨운 여정만을 생각하고
담담하게 기뻐한다
텅 빈 쌀독에
쌀 한 톨이 없는 날
쌀 한 톨의 인내와
쌀 한 톨의 눈물과
쌀 한 톨의 사랑과
쌀 한 톨의 비밀을
겸손히 기억하고 싶은 것은
함께 살아가는
텅 빈 쌀독의 부요함이다
쌀 한 톨이 없는 날
뱃속 안에 드러누운
가난하고 허기진
나의 무지(無知)들이여!

빈틈이 없는
따스한 쌀독의 가슴 위에
조용히 귀 기울여 보라

610
희망은 있다

장엄한 것들의
존재 안에는
희망이 있다
비어있는 틈과
비어있는 구멍에
희망의 싹은 있다
빈 하늘을 채워만 가는
저 나뭇잎들의
평온한 힘을 바라다보라
대지 위의 작은 구멍들을
거침없이 비집고 들어가는
맑은 수분들의 용기를
느끼어도 보라
저 아득한 공간을 아우르는
수많은 눈빛들의 자유를
마음껏 품어도 보아라
불변의 양식이

살아있는 한
호흡이 있는 모든 것에는
희망이 있다
텅 비어있는
우리의 흠집 안에도
터질 듯한 희망은 있다

662
기도의 헌정 10

우리들의 인내가
허무의 벽 아래서
무참히 쓰러지려 할 때
저 동토(凍土)의 세상
차디찬 흑암의 땅을
뚫고 일어서는
어린 싹들의 용기를
배울 수 있게 하소서
우리들의 소망이
방황의 길 위에서
한 순간 허물어지려할 때
저 막막한 하늘
끝없는 어둠 헤치고
빛을 뿌리는
어린 별들의 꿈을
닮을 수 있게 하소서
우리들의 영혼이

욕망의 위력 앞에서
스스로 연약해 지려 할 때
저 아득한 들녘
소리없이 나리는
어린 눈꽃들의 자유를
기억하게 하소서

663
기도의 헌정 11

맑고 깊은
저 은은한 소리
하나의 종(鐘)이
깨어지는
기나긴 아픔이었음을
깨닫게 하소서
가난하고 겸손한
저 청빈한 소리
하나의 종(鐘)이
울어야 하는
부요한 기쁨이었음을
깨닫게 하소서
비워낼수록
충만하게 채워지는
저 아름다운 사랑
하나의 종(鐘)이
또다시 태어나는

빛나는 고통이었음을
깨닫게 하소서

683
불새

가볍게 날고 있는 것은
내 영혼의 불새 한 마리
어두움의 존재 없이
뜨거움의 열정 없이
나의 불새는 날지 않는다
무거운 가슴일수록
무거운 세계일수록
날지 못하는 폐허의 새들은
밀봉되어 있다
절망의 늪이란
태우지 못하는 사람들의
슬픈 지분(持分)일 뿐이다
날개를 태우고
두 눈을 태우고
심장을 태우고 나야
당당한 나의 불새는
추락의 두려움 없이

절망의 덫을
이탈할 수가 있다
훨훨 날고 있는
그것의 한가운데에
터질듯한 소망을
싣는다

695
겨울 사냥

총성 한 방으로
냉혹한 역사의 겨울은
종료되지 않는다
그대가 쏘아 올린
날카로운 화살 한 촉만으로
비겁한 존재의 겨울은
그쳐지지 않는다
우리들의 봄을 위하여
우리들의 꿈을 위하여
스스로의 가슴을 향해
그것들을 쏘는 수밖에
눈 감고 그것들을
쏘는 수밖에 없다
뜨거운 우리들의 사랑을 위하여
따뜻한 우리들의 봄을 위하여

697
고목(枯木)

휘어질지라도
모진 세월의
등대지기가 되었다
무너질 듯한
아픔이었다 해도
고목은
대지의 파수꾼으로
경건한 그 자리에
그대로 서 있다
비바람의 시절
문득 내 곁에서
맑은 수분(水分)이 생각날 때
너의 사랑은 다시 한번
붉으스레 꽃 등불 하나
피워내고 싶다

702
북극곰이 연어알을 먹을 때

푸르른 개천
설원과 설원 사이를
늦은 가을로 흐를 때
최후의 사랑들은
붉은 빛의 눈물로
장엄하게 종료된다
회귀본능의 사랑이 아닌
사랑을 위한 회귀본능이었음을
망망대해(茫茫大海) 유랑하던
몇 년 동안의 치열한 인내가
그것을 깨닫게 했으리라
듬직한 너의 입속으로
보란 듯이 들어가
오랜 겨울잠을
기꺼이 취한다 해도
따뜻한 너의 양식이 되었다면
결코 후회할 일은 아니리라

그것이 무참히 깨어지는
산산조각 난 나의 아픔이었을지라도
그것이 아낌없이 네게 준
내 사랑의 모든 것이었다 할지라도
허물없이 아름다운
너의 것이 되었다면
결코, 후회할 일은 아니리라
북극곰이 연어알을 먹을 때
설원과 설원 사이를
늦은 가을로 흐르는
푸르른 개천
붉은 꽃으로 피어난
장엄한 사랑들이
무수하게도 그곳을 흐른다

705
퇴각경보는 어두움이 울린다

어두움에 밀려도
빛은 앞으로 간다
어두움에 차여도
빛은 힘차게 앞으로 간다
거친 파도가 밀려와도
달팽이는 앞으로 간다
거친 파도가 힘겨워도
달팽이는 무심히 앞으로 간다
세상이 모조리 뒤집혀진다 해도
앞으로 갈 것은 앞으로 간다
빛으로 갈 것도 앞으로 간다
세상이 모조리 변한다 해도
앞이 될 것은 느리게라도 간다
빛이 될 것도 느리게라도 간다
앞으로 앞으로
힘차게 힘차게
앞으로 가고야 만다

우울했던 순간의 그리운 사람들이여
사랑했던 순간의 아름다운 사람들이여
빛나는 그대 삶의 당당함에 대하여
저편의 어두움만이
비열한 퇴각경보를
울리고 있는 것을…
어두움에 밀려도
어두움에 차여도
빛과 그대는 앞으로 간다
달팽이와 나도 앞으로 간다

716
새들에게 길은 묻다

새들이 날아가고 있는 것은
스스로의 무게를 견디는 것이 아니라
스스로의 마음을 가볍게 하기 때문이다
새들이 집을 짓는 것은
제 몸의 크기와 제 몸의 가치를
우선해서가 아니라
제 생각의 크기와 제 생각의 한계를
따르고 싶기 때문이다
새들이 허물없이 노래하는 것은
스스로의 기쁨과 스스로의 슬픔이
감당할 수 없는 만큼 많아서가 아니라
스스로의 귀와 저 아닌 것들의 귀가
시원스럽게 열리어지길 원하기 때문이다
새들이 숲의 거처를 떠나지 못하는 것은
스스로의 일상과 생활이
의미 없이 무료해서가 아니라
스스로의 평화와 안식을 이루기까지

숲의 인내와 숲의 넉넉한 부요함이
조용히 그들을 돕고 있기 때문이다
새들이 우리들과 함께 살아가는 것이
스스로의 처지와 나약함을
아낌없이 보여주는 것이 아니라
우리들의 욕망과 우리들의 조급함이
무거운 바위처럼 보여지기 때문이다
날아가는 맑은 눈빛의 새들에게
아름다운 그 길을
다시 묻는다

725
사과나무 아래서

이 나무처럼 되어서
이 나무처럼 우두커니
서있고 싶다
이 나무처럼 자라서
이 나무처럼 조용히
지상 위에 서있고 싶다
이 나무처럼
비바람 오래 견디어서
이 나무처럼 상큼한
너의 열매로 남아있고 싶다
한 세월의 너를
또 다시 기다려야만 하는
이 나무처럼
한참을 묵묵히 기다리어서
너의 향기와 너의 사랑으로
비인 듯이 이곳에 남아있고 싶다
이 나무처럼

하늘 아래 홀로 버티어서
이 나무의 거룩한 인내처럼
단단한 그리움만으로
우두커니 너의 곁에
서있고 싶다

737
한 다발 가득히 사랑을 주세요

공중에 떠 있는 아름다운 사람아
빈 터에 서있는 홀로인 내게
한다발 가득히 사랑을 주세요
해질 무렵 허전한 그날의 내게
한다발 가득히 사랑을 주세요
침묵하는 지상의 조용한 내게
한다발 가득히 사랑을 주세요
공중에 떠있는 별빛 같은 사람아

741
사랑의 향기

풀잎 하나를
그대의 생명으로
느끼어 갈 때
풀잎 하나를
그대의 모습으로
바라볼 수 있을 때
풀잎 하나는
단 하나 뿐의 향기와
단 하나 뿐의 침묵을
그대의 사랑 앞에서
후회없이 깨뜨린다

760-32
에덴동산의 서쪽

자비로운 사람들은
고요한 그곳을 안다
빛을 사랑하는 사람들도
그리운 그곳을 찾는다
무지개의 섬광들이
평안히 날개 접어 머무르는 곳
너의 별을 기다리던
아름다운 동쪽의 별들도
한 번의 귀띔 없이
그곳을 찾는다
너의 하나를 위해
나의 전부를 내어주었던
말 없던 그 사람도
고요한 그곳을 안다
에덴동산의 서쪽
그렇게 멀리 우리들과
떨어져 있는가

777
사랑

바람 한 점
기다림 하나
너의 보자기에
맑은 씨앗으로
접어놓았다가
소리 없이 꽃 한 송이
피어날 무렵
물방울의 생각 하나로
네게 남는다

4

물방울 꽃들은 바다로 흐른다

778
물방울 꽃들은 바다로 흐른다

맑은 의미는
순결함으로 만나
씨 한 톨의 영혼을 품는다
맑은 존재는
그리움으로 다시 만나
사랑의 꿈들을 이루었다
수분(水分)의 가벼움이
맑은 아침을 지날 때에
물방울의 꽃들은
빛과 함께 피어난다
너의 길들이
세상을 향할 즈음
물방울의 꽃들은 바다로 흐른다

852
추(錐)의 무게

포근하게
타인을 들어올리는
조용한 마음의 무게이다
아름답게
타인을 선택하는
섬세한 균형의 무게이다
추의 무게가 가벼운 것은
스스로를 완전하게 내어주는
타인으로서의 의미가
되기 위해서다

787
똥과 밥

생리적으로 똥과 밥은 하나이다
포괄적으로 밥과 똥도 하나이다
썩을 줄 아는 밥의 사랑은
썩어버리고 마는 똥의 순교와도
일치한다
그러므로 똥과 밥은 거룩한 어머니다
밥과 똥도 거룩한 천사이다
똥과 밥은 거룩한 생명이다
밥과 똥도 거룩한 우주이다
그러므로 똥과 밥은 위대한 능력이다
밥과 똥도 위대한 소망이다
똥과 밥은 위대한 결단이다
밥과 똥도 위대한 용기이다
썩어져야 할 아름다운 경우를
거룩한 똥과 거룩한 밥은 안다
새로워져야 할 아름다운 순간을
위대한 밥과 위대한 똥도 안다

밥알은 새로운 똥이 되기 위하여
그 아래쪽의 세상을 향해야 하고
똥들은 새로운 밥이 되기 위하여
그 아래의 그 아래쪽의 세상을 향해야 한다
밥알이 들어가고 구수한 똥이 나온다
구수한 똥은 한 번을 더 썩어서
새파란 싹을 땅위에 틔운다

801
처음의 그대

푸르른 샛별
밤하늘에 수놓인 날
처음인 듯이 그대를 만나기 위해
처음인 듯한 그대를 기다린다
처음으로 그대를 사랑하고 싶었기에
마지막의 사랑처럼
그대를 기다린다
오랫동안의 그대를 위한
처음인 듯한 나의 기다림처럼
오랫동안의 나를 위한
처음인 듯한 그대의 기다림은
파랗게 떨고 있는 하나의 별이었다
푸르른 샛별
밤하늘을 스치는 날
처음인 듯한 그대를 만나기 위해
처음인 듯이 그대를 기다린다
마지막으로 그대를 사랑하고 싶었기에

처음의 사랑처럼
처음의 그대를 기다린다
오랫동안 그렇게 오랫동안
멀리 서 있는 너의 별 하나
기다린다

850
화폐 천국(天國)

욕망의 정점과 희망
최고의 경지에 올라섰지만
결국은 한 장의 종이로 탄다
무한의 희열과 가치
완전한 목적을 이루었지만
결국은 한 장의 종이로 탄다
지상의 모든 것을 소유했지만
결국은 한 장의 종이로
무의미하게 탄다
존재의 모든 것을 흔들어대었지만
결국은 한 장의 종이로 쓸쓸하게 탄다
태우고 태우고 다시 태운다 해도
기어코 우리들 세상에 남고 싶은 것은
화폐의 천국(天國)이란
손쉬운 기쁨의 집요함이다

하늘 한줌 얻지도 못하고
사랑 하나 건네지도 못하는
고독한 화폐의 서글픔이여

854
나무와의 대화

너 오늘 바람과 만나
무엇을 이야기했나
바람의 길을 물어보았나
바람의 꿈을 물어보았나
너의 침묵에 대해 이야기했나
너의 푸르름에 대해 이야기했나
너 오늘 바람의 포옹을 받아들였나
바람의 입맞춤도 반기어주었나
너 오늘 네 곁의 시간을 만나
무엇을 이야기했나
시간의 길을 물어보았나
시간의 꿈을 물어보았나
너의 성장에 대해 이야기했나
너의 미래에 대해 이야기했나
너 오늘 시간의 위로를 받아들였나
시간의 담대함도 반기어주었나
너 오늘 기다리던 사람과 만나

무엇을 이야기했나
사람의 길을 물어보았나
사람의 꿈을 물어보았나
너의 기다림에 대해 이야기했나
너의 그리움에 대해 이야기했나
너 오늘 사람의 다가섬을 받아들였나
사람의 순결함도 반기어 주었나
너 오늘 저편의 하늘을 바라보았나
저편의 숲까지도 바라보았나
너 오늘 무엇과 만나
무엇의 아름다움을 이야기했나
무엇의 기쁨들을 조용히 노래했나

875
길의 의미(意味)

아름다운 너의 등 뒤를
무거운 짐으로 따른다 해도
내 후회하지 않으리
거룩히 걷는 너의 앞에서
빈자(貧者)의 가벼움으로
성큼 성큼 뛰어간다 해도
내 결코 후회하지는 않으리
살아가는 자의 행복이
기름진 소유의 의미만으로
되어진다 하더라도
살아가는 자의 사랑이
손쉽게 거머쥐는
성급한 사랑놀이로
변해간다 하더라도
빈자의 가벼움으로
내 무거운 고통의 짐을
기꺼이 지고서라도

청청하게 휘어진
소박한 너의 길을
아름다운 너의 앞과
너의 등 뒤에서
후회 없이 따르고 싶다

905
사랑 7

너의 봄을
열기 위하여
서늘한 낙엽의 여정
모조리 태워버리고
잔인한 나의 겨울을
두려움 없이
맞이해야만 하리
너를 떠난
내 사랑의 오래된 꿈을
동토(凍土) 아래
하얗게 묻어버리고
다시금 초록의 힘으로
터지고야 말
꽃피는 네 사랑을
나는 선채로
바라볼 수 있어야 하리
차가운 나의 떨림이

푸르른 너의 사랑으로
새로워지기까지
가슴으로 내려온
나의 두 눈 지긋이 감고
너를 위한 사랑처럼
기뻐할 수 있어야 하리

916
땅의 춤

너를 생각하는 것은 땅이다
너를 기억하는 것도 땅이다
너의 슬픔을 알고 있는 것도 땅이다
그러므로 땅은 너의 눈물을 받을 줄 안다
너를 떠나지 않는 것도 땅이다
너를 버리지 않는 것도 땅이다
너의 고통을 알고 있는 것도 땅이다
그러므로 땅은 너의 아픔을 위로할 줄 안다
너를 잊지 않는 것은 땅이다
너를 떠받치는 것도 땅이다
너를 사랑하는 것도 땅이다
그러므로 땅은 너의 호흡에 귀 기울일 줄 안다
너의 오만을 참아내는 것은 땅이다
너의 비웃음을 견디어주는 것도 땅이다
너의 방황을 지켜보는 것도 땅이다
그러므로 땅은 너의 가벼움을 인내할 줄 알고
너의 경솔함을 포용할 줄 안다

땅의 세상으로 네가 다시 돌아온다는 걸
땅의 품에서 네가 다시 살아난다는 걸
자비로운 땅은 알고 있기 때문이다
너를 기뻐하는 것은 신선한 땅이다
너를 즐거워하는 것도 거짓 없는 땅이다
너를 공감하는 것도 평화로운 땅이다
그러므로 땅은 너의 모든 것을 삼킬 줄 안다
너의 가슴이 경건한 하늘을 향하기
원할 때
너의 소망이 평안의 하늘을 생각하기
원할 때
너의 생명이 거룩한 하늘을 닮아가기
원할 때
비밀의 땅은 너의 모든 것을 부둥켜안고
춤추는 것이다

917
하늘의 춤

하늘의 맑음은
어둠의 대지를 위해서다
어둠의 사람을 위해서다
애욕의 검은 바람이
흑암의 땅을 지배하려 할 때
하늘의 별들은 등불을 켠다
하늘의 푸르름은
폐허의 대지를 위해서다
폐허의 사람을 위해서다
적막한 일상이
두려움의 땅을 밟으려할 때
하늘의 가슴은 폭풍의 막을 연다
하늘이 천둥소리를 내는 것은
새로움의 대지를 만들기 위해서다
새로움의 사람을 만들기 위해서다
하늘이 밤을 허락하고야마는 것은
밝음의 대지를 원하기 때문이다

밝음의 사람을 만나기 위함이다
하늘의 기다림은
익어가는 풍성한 대지를 위해서다
익어가는 부요한 사람을 위해서다
사랑 품은 알곡들이
저 들녘에서 열매 맺어 피어날 때
사람의 하늘은
몸 비틀어 소리 지르며
춤을 추기 시작한다

918
그 아저씨와 그 아줌마

그들은 연애술사다
아름다운 봄날
꽃구경도 함께하고
진달래 향기도
함께 마실 줄 안다
우산도 함께 쓰고
장마의 여름철을
시원하게 보낼 줄도 안다
한 장의 낙엽이 그대 같다고
눈물 글썽여 위로도 하고
창포 빛 하늘이 그대 같다고
환하게 웃어 추켜세우기도 한다
그들은 지독한 연애술사다
바람을 타고 함께 날자고
눈보라 속을 함께 걷자고
하나가 먼저 말도 잘 건다
추운 겨울 성큼 다가오면

우린 누구보다 뜨거워진다고
우린 어느 누구보다
활활 타 버릴 수 있다고
손과 손을 꼬옥 잡는다
무엇이 식어갈수록
무엇이 차가워질수록
조금은 아주 조금은
사랑이라는
빛나던 고통의 산은
넘은 듯하다고...
그들은 연애술사다
따뜻한 세상을 살아가는
거룩한 연애술사다

920
만남

강물로 흐르다가
너의 바다를 만나게 되면
나의 사랑은
푸르른 너에게서
부수어질 것이리
긴긴 날을 흐르다가
너의 가슴을 만나게 되면
나의 사랑은
뜨거운 너에게서
멈추어 설 것이리
슬픔으로 흐르다가
너의 기쁨을 만나게 되면
나의 사랑은 충만한 너에게서
되살아날 것이리
꿈처럼 흐르다가
너의 기다림을 만나게 되면
나의 사랑은

하나뿐인 너에게서
안식하게 될 것이리
흐르다가 흐르다가
피어나는 너의 사랑을
다시 한 번 만날 수가 있다면
다시 한 번 돌이킬 수 있다면

946
거룩한 도시

붉은 욕망의 폭죽이
대기층으로 수도 없이 피어올랐다
길바닥에 뒹굴고 있는 건
오염된 편견의 낙엽
허무한 문명의 잔재
희망찬 가치의 애드벌룬이
풍선처럼 머리 위로 떠올랐다
우리의 새날을 밝게 하는 건
그래도 정직하게
날카로운 바늘 한 개
날카로운 눈빛 하나
가장 빠른 빛과 정신의 가속도로
종횡무진 앞을 향하여 돌진
무소불능으로 가볍게 안착
꿈의 정거장으로
꿈의 신세계로
꿈의 시간 속으로

길바닥에 남아있는 건
울고 있는 포스터 하나
구겨진 지폐 한 장
풍요한 땅들의 소망이
푸른 나무를 성장하게하고
신선한 날과 날들이
그래도 찬연하게
무궁한 밤하늘의 별들을
대지위로 쏟아 부었다
다시 한 번 빛에 대하여 생각하라고
다시 한 번 거룩한 너에 대하여
기억하라고

955
위대한 사랑은 낮은 곳으로부터 솟아 오른다

맑고 투명할수록 사랑은 물처럼 흐른다
물처럼 흐르는 것은 스스로 낮은 곳을
향한다
가볍고 신선할수록 사랑은 물처럼 흐른다
물처럼 흐르는 것은 스스로 낮은 곳을
향한다
버리고 비워낼수록 사랑은 물처럼 흐른다
물처럼 흐르는 것은 스스로 낮은 곳을
향한다
위대한 모든 일들은 사랑으로 물처럼 흐른다
물처럼 흐르는 모든 일들은 스스로 낮은 곳을
향한다
물처럼 흐르다가 낮은 곳에 이르러야
위대한 너와의 만남은 이루어진다
땅의 하늘을 사랑으로 만날 수가 있고
너의 하늘을 사랑으로 다시 만날 수가 있다

위대한 사랑은 그렇게
낮은 곳으로부터 하늘로
솟아오른다

957
촌수(寸數) 없는 사람들

희망의 나라에는 촌수란 없다
알맞은 때에 알맞게 사랑하라고
하늘은 아름다운 촌수를 만드셨다
하늘의 뜻에 따라 사람들도
아름다운 촌수를 똑같이 만들었다
봄 여름 가을 겨울이 수억 년을 지나도록
영원한 사랑의 관계를 만들었다
하늘과 사람들이 촌수를 만들었기에
하늘과 사람들은 촌수를 버릴 수도 있다
아름답게 촌수를 잊는다는 것이
알맞은 사람과 필요악의 사람까지
뜨겁게 사랑할 수 있다는
꿈같은 일들이 될 수도 있을 거다
촌수의 관계를 훌쩍 넘어선
사랑의 나라에는 촌수란 없다
꽃밭의 꽃들이
알맞게 서로가 어울리고

알맞게 서로가 위로를 하고
알맞게 서로를 치켜세우는
저 촌수 없는 사랑들을
맑은 가슴으로 바라보라
꽃들의 세상에는 촌수란 없다
사람들의 세상에도 촌수란 없다
꽃들도 하나이고 사람도 하나이다

967
물과 불

물의 맑음이
보석처럼 이룬 것이
어디 한 두 개인가
푸르른 강
아름다운 눈물
시원한 빗소리

불의 뜨거움으로
우리는 뜨겁게 산다
식음이 없는 열정
따뜻한 아랫목과
하얀 눈매의 밥
그리고 활활 타는 사랑

그러므로
물과 불의 의미는
정확히 동일하다

하나가 되기 위한
황홀스런 절정의 순간
물의 바다에서
불들이 춤춘다

893

어떤 씨앗들의 전쟁

먼저 피어나기 위하여
증오의 씨앗들은
꽃의 칼을 만든다
분별없는 씨앗들도
꽃의 덫을 만든다
사랑의 씨앗들이
그윽한 꽃들을 피울 때
땅속의 깊은 잠 속으로
너보다 서둘러 썩어갈 줄 안다
씨앗들의 기나긴 전쟁이란
승자도 패자도 없다
먼발치의 네게로부터
아주 천천히 피어나
먼저의 너를 손들어주는
생명의 저력을 품고 있기 때문이다
꽃의 칼이나
꽃의 덫을 만드는
비열한 우리들의 세상과는
분명히 다르다

977
새벽별

꿈을 버린 자들에게
새벽별은 빛나지 않는다
밤의 나라에 눈먼 자들에게
새벽별은 보이지 않는다
욕망의 나라에 취한 자들에게
새벽별은 떠오르지 않는다
고요한 사람들의 눈빛이
푸른 밤의 영혼을 스치고
아름다운 자들의 가슴은
깊은 밤의 소망을 품는다
기다리는 자의 뜨거움이
사랑의 물결로 밤을 흐를 때
밀어(密語)의 깊은 강 위에
눈부신 새벽별은 비추인다
초록빛으로 물든 성결한 그대의 밤
휘황한 별들로 반짝거리는
이슬의 새벽을 열었다

980
난쟁이와 고슴도치

키가 작은 건 마찬가지
그러나 숭고한 땅 위에서 산다
가시 돋친 눈빛이 닿아도 창피할 것 없고
가시의 옷을 입었어도 부끄러울 것 없다
작은 높이의 아름다운 세상은
겸허의 향기가 가득해서 좋고
작은 크기의 오밀조밀한 세상은
거대한 욕심이 없는 듯해서 좋다
키 작은 나무는 난쟁이의 친구가
되어주고
키 작은 꽃들은 고슴도치의 연인이
되어준다
마음이 온유한건 마찬가지
그러므로 거룩한 땅위에서 저들은 산다
하얀 눈 나리면 작은 눈사람이
되고 싶고
약한 것들 앞에서도 둥글게 제 몸을

움츠린다
가시 돋친 세상을 걸어가도
난쟁이와 고슴도치는 평안하다

984
너의 얼굴은 태양이었다

너의 얼굴은 태양이었다
눈부시어 바라볼 수 없으므로
가슴으로밖에 바라볼 수 없었다
너의 얼굴은 태양이었다
태울수록 뜨거웠으므로
터질 듯한 마음으로만 다가설 수 있었다
너의 얼굴은 태양이었다
꺼질 줄 모르는 불같은
사랑이었으므로
차가운 내 사랑의 밤은
하나의 촛불로 너를 견디어야했다
너의 얼굴은 태양이었다
변함이 없는 너의 밝음이었다
한 장의 종이로 가릴 수 없는
거대한 태양이었다

985

초막(草幕)에서

겸손한 빛과
온유한 풀잎으로
내 영혼의 거처를
만들었네
나를 가두어놓기에도
흠 없이 넉넉하고
둔탁한 세상을
관찰하기에도
아름다운 쪽문은
맑고 투명하기만하네
답답한 침묵의 벽은
둘러있지 않아
작은 새들의 왕래는
매우 자유스럽다네
사랑이 안식하는
고요한 초막에서
소망의 푸른 하늘
원 없이 바라보네

988
고도(孤島)를 향하여

푸른 안개 자욱이 서린
나의 배가 다가서야하는
아름다운 곳
고통의 물결과
파도의 산을 넘어
너의 섬이 기다리는
고요한 그곳을 가야한다
등불하나 켜지 못한
너의 섬이 기다리는
희미한 뱃머리 하나
적막의 시간과
어둠의 밤을 지나
찾는 이 없는
너의 섬으로 다가서야한다
희망과 슬픔의 절기를
모두 다 잊어버린
나의 배가 다가서야하는

쓸쓸하게 허전한 곳
절망을 덜고 가득한 기쁨을 실어
너의 섬이 기다리는
거룩한 나의 배 하나로
조용히 다가서야한다

996
열정의 보석

저 무성한 숲
빛나는 생명의 열매가 자라남을
뜨거운 가슴으로 느껴보라
저 푸르게 깊은 바다
물고기들의 투명한 심장이 뛰고 있음을
조용히 귀 기울여 들어 보라
저 새파란 하늘을 날고 있는
가벼운 새들의 자유를 바라보라
그것이 무한하게 솟아나는
숭고한 저들의 열정임을
영혼을 사랑하는 겸허한 사람들은
알고 있을 것이리
열정을 기다리는 자에게
희망의 날들은 찾아오리니
그대여! 탄식과 절망의 산을 넘어
찬란한 빛의 날들을 맞이하여 보라
허무와 좌절의 시간을 넘어

미래의 날들을 기쁨으로 꿈꾸어 보라
열정의 길은
언제나 아름답고 충만해지는 것
열정의 보석은
언제나 찾아내어 심어가는 것
열정의 과녁을 향해
힘차게 활시위를 당긴다

998
아름다운 날

모든 세상의 영혼들이
빛의 하늘 위에
눈부신 꽃잎으로 수놓이는 날
순결한 눈물의 아름다움이
옥빛바다 무지개의 날개 위에서
꿈과 그리움으로
다시 물들어가는 날
너와 나의 빛나는 사랑이
아득한 별들의 나라에서
하나의 샛별로
다시 태어나는 날
너와 나의 긴긴 이별이
새로운 당신의 나라에서
살아있는 영혼으로
뜨겁게 다시 만나는 날
물과 불과 바람이
풀과 새싹과 나무들이

새와 물고기와 낮과 밤이
종이와 연필
그의 노래와 그의 등불이
그의 기다림과 그의 경건이
고요한 당신의 나라에서
모두가 가슴 열어
활짝 웃게 되는 날

987
봉숭아 꽃 피어날 때

그 여름날
아름다운 지상이
존재의 허무를 넘어설 때
나 그곳에 있었다
빛나는 그리움이
하늘빛으로 물들어올 때
나 그곳에 있었다
봉숭아꽃 붉게 피어나
누이와 키 작은 동생
손톱위에 그 꽃잎 곱게 묶고
순결한 나무처럼 서 있었다
죽도록 사랑하고 싶었을 때
혼절한 세상 저편에 묻고
나 그곳에
바람처럼 서 있었다

〈해설〉

존재 의식에 대한 원형으로의 회귀

- 김 원 시집 [물방울 꽃들은 바다로 흐른다]를 중심으로 -

姜笑耳(시인, 현대시인협회 사무차장)

시인이 왜 시를 쓰는가? 만일 김 원 시인에게 이런 질문을 한다면 그는 이렇게 대답할 것이다. 시가 곧 자신의 호흡이라고.

그의 시 전집 [빛과 사랑과 영혼의 노래] 천 편을 통독하면서, 그의 감수성과 가치가 천 편 속에 녹아있음을 보았다. 일찍이 셸리(Shelley)는 "시인은 하나님과 같은 창조자이며 시인을 통해서 인간은 하느님을 느낄 수 있다고 하였다." 그의 시 전체에 흐르고 있는 감수성은 모든 사람들이 갈구하는 원형의 본질에 닿아 있다. 그리고, "시는 가장 훌륭하고 가장 행복한 사람이 느끼는 가장 귀하고 가장 행복한 순간을 기록한 것" 이라고 셸리는 말하고 있지만, 김원 시인은 행복한 순간이나 외로운 순간, 가장 힘든 순간, 쌀 한 톨이 없는 순간에도 시를 쓰고 있음을 천 편의 시에서 엿볼 수 있었다. 그의 생활 순간 순간이 곧 시가 되어 종이에 기록되고, 핸드폰에 기록되어 지인들에게 전체 메시지로 보내지곤 해왔다.

어느 음식점에서 그의 시가 액자로 걸려있는 것을 우연히 발견하고 깜짝 놀란 적이 있다. 그 시를 어떻게 구했느냐고 질문했더니, "아는 사람에게 받았는데 시가 좋아서 걸어놓는다" 고 했다. 그게 김 원 시인의 시다. 그는 문학을 전공한 문학도가 아니다. 그의 시는 메타포(metaphor,은유)나 이미지(image), 아이러니(irony)나 패러독스(paradox)와 같은 장치가 별로 없다. 운율과 압축도 크게 보이질 않는다. 다소 산문적이다. 그러나, 그의 시는 편안하게 사람들에게 읽혀지고 많은 사람들의 마음에 파고든다. 어떤 이들은 그의 시를 외우고 다닌다. 구두 방에도 그의 시가 걸려있다. 막걸리 집에도 마찬가지다. 그의 시는 몇몇 독자들에게만 읽히는 난해시나 새로운 기법의 시가 아니다.

그의 시 천 편 전체에 흐르는 일관성은 여리고 예민한 감수성으로 세상의 사물과 현상을 그려내고 있다. 몇 가지 특성과 양상으로 세분한다면, 유년 시절에 대한 그리움과 회귀 본능, 아름다운 세상을 기다리는 기다림의 미학, 포근한 사랑을 갈구하는 절실함으로 요약할 수 있다. 우리는 그의 시에서 불쑥불쑥 튀어나오는 관념어들을 볼 수 있다. 그러나, 관념어를 사물화하여 이미지로 그려내는 능숙한 문학

전공자의 어설픈 시쓰기 보다 더 깊은 파장이 그의 시에는 들어있다.

벽돌을 나르면서 느꼈던 절실함에서 얻은 삶의 체득이 그의 시에 녹아있다. 주유소에서 밤샘 작업을 하면서도, 학교 청소부 일을 하면서도 그는 시를 생각하고 시를 쓴다. 그의 시 전체에 흐르는 절박함을 그래서 우리는 함께 공감하게 된다. 쌀 한 톨이 없는 빈 항아리를 보면서 배고픔과 싸워보았기에 그의 시는 진솔하다. 그리고, 가식 없는 진실함으로 우리들 마음을 두드린다. 그가 그런 시를 쓰게 된 데에는 그 간의 질곡의 여정이 있었기 때문일 것이다. 그는 무기 사업과 의료기를 수출하는 기업인이었다. 러시아 모스크바와 브라질 상파울로를 오가며 국제 무역을 하던 비즈니스맨이었다. 그가 25년의 사업을 접고 다시 문학으로 회귀한 것은 신의 섭리였을지도 모른다. 한 조각의 빵을 얻기 위해 막노동의 고생을 겪어보았기에 그는 우리의 가슴을 울리는 시를 빚어낼 수 있는지도 모른다. 그의 고교시절부터의 독서량과 문화 예술에 대한 열정이 그의 무의식을 지배하고 있었음은 물론이다. 한 사람이 세상에 태어나 다섯 수레의 책을 읽기란 쉽지 않을 것이다. 그러나, 김 원 시인은 그랬다. 책 제목만 대면 내용을 줄줄 이야기 할 줄 아는 게 김 시인이다. 한 구절만 대면 그 책의 저자와 사상과 사상의 배경까지 안다. 웬만한 문학도 보다 문학에 대한 조예가 깊다. 아마도 사업 실패와 가정의 고난은 그를 다시 문학으로 환원하게 만드는 계기가 되었을 것이며, 독자들의 가슴을 치는 시를 창작하게 했을 지도 모른다.

그는 어떤 문학 단체나 협회에도 속하길 거부하는 시인이다. 어떤 상도 거부하는 시인이다. 원고 청탁을 해도 한 줄도 주지 않는 도도한 시인이다. 그런 고집이 나올 수 있는 것은 그의 오랜 독서로 얻은 주관과 시에 대한 자부심일 것이다. 그는 "독자가 하늘" 이라고 믿는 시인이다. 그만큼 자신의 시에 대한 자신감과 긍지를 갖고 있기 때문일 것이다. 이 시간에도 그는 학교 복도를 청소하고 있을 것이다. 그리고, 허리를 펴서 핸드폰에 자신의 감수성 한 조각을 입력하여 지인들에게 보내고 있을 것이다. 어떤 이들이 그의 시를 읽고 감동하지 않을 수 있을까? 아마도 나이 드신 어르신들에서 어린 학생들까지 그의 시를 손에서 놓고 싶지 않을 것이다.

시는 화살처럼 날아서 읽어야 할 사람들 가슴에 전해지는 법. 그의 시가 국경을 넘어 전 세계까지 널리 널리 퍼져나가 모든 이들의 마음을 촉촉이 적셔주게 될 것이다.

그의 천편의 시 중에서 65편을 선택하여 다시 엮는 일을 돕게 된 것을 기쁘게 생각한다. 더불어, 동시대를 살고 있는 시인의 한 사람으로서 존경의 마음을 김 원 시인에게 올린다. 그리고, 그의 시를 워드로 입력하면서 나름대로 받은 감동을 간단히 정리해 보기로 한다.

휘어질지라도
모진 세월의
등대지기가 되었다
무너질 듯한

아픔이었다 해도
고목은
대지의 파수꾼으로
경건한 그 자리에
그대로 서 있다
비바람의 시절
문득 내 곁에서
맑은 수분(水分)이 생각날 때
너의 사랑은 다시 한 번
붉으스레 꽃 등불 하나
피워내고 싶다

— 〈고목(枯木)〉 全文

고목(枯木)에서는 더 이상 꽃이 피지 않는 법이다. 그러나, 그는 고목에서도 꽃 등불 하나 피워내고 싶은 역설의 미학을 보이고 있다. 이러한 시 정신은 "텅 비어 있는 우리의 흠집 안에도 터질 듯한 희망은 있다"(희망은 있다)라는 시로 이어져서 희망을 역설하고 있다. 여기서 그치지 않고, 그는 얼어 있는 땅에서 불같은 것들이 뜨겁게 타오르길 소망하는 역설을 노래한다(동토). 자신이 원하는 대로 다 이루어지지 않는 것이 우리들 인생이다. 때론 실패도 하고 낙망도 하는 게 우리들이다. 그런 우리들에게 위의 시에서 보인 시정신은 다시 희망을 갖고 일어설 수 있는 용기를 주고 있다고 하겠다. 바위에서도 꽃이 피어나게 하는 힘을 주는 격려의 일 - 시인의 사명을 다하고 있다고 하겠다. 아마도, 이런 역설에 의한 희망과 용기는 김 시인 자신에게도 던지는 격려일 것이며, 우리들 모든 독자들에게 주는 메시지라고 하겠다. 시어(詩語) 하나하나가 난해하지 않고 편안하게 스며드는 신의 목소리 같은 시편들이다.

이 나무처럼 되어서
이 나무처럼 우두커니
서 있고 싶다
이 나무처럼 자라서
이 나무처럼 조용히
지상 위에 서 있고 싶다
이 나무처럼
비바람 오래 견디어서
이 나무처럼 상큼한
너의 열매로 남아있고 싶다
한 세월의 너를
또 다시 기다려야만 하는
이 나무처럼
한참을 묵묵히 기다리어서
너의 향기와 너의 사랑으로
비인 듯이 이곳에 남아있고 싶다
이 나무처럼
하늘 아래 홀로 버티어서
이 나무의 거룩한 인내처럼

단단한 그리움만으로
우두커니 너의 곁에
서 있고 싶다

— 〈사과나무 아래서〉 全文

우리들 중에 그리움을 갖고 있지 않는 이는 아무도 없을 것이다. 헤어진 연인을 그리워할 수도 있고, 고향 부모님을 그리워할 수도 있고, 조국을 그리워할 수도 있을 것이다. 그러나, 위의 시에서 "단단한 그리움만으로/우두커니 너의 곁에 서 있고 싶다" 라는 구절을 보자. 김 시인은 그리움의 농도를 단단한 그리움으로 표현했다. 그리워하는 이에게 집착하려는 태도가 아니다. "그리운 이의 곁에 우두커니 서있고 싶어" 하는 달관의 경지를 보이고 있음을 볼 수 있다. 그것을 "비바람 오래 견디어서/이 나무처럼 상큼한/너의 열매로 남아있고 싶다" 라는 표현을 통해 고난을 견디고 오래 인내하여 상큼한 사과 열매로 남고 싶은 시인의 소망은 "너의 향기와 너의 사랑으로/비인 듯이 이곳에 남아있고 싶다" 라는 "비인 듯이" 의 태도로 승화된다. 사과나무 아래서 우두커니 서 있고 싶어 하는 시인의 삶의 태도를 엿볼 수 있다. 이런 태도는 다음의 시로 연결된다.

아름다운 너의 등 뒤를
무거운 짐으로 따른다 해도
내 후회하지 않으리

거룩히 걷는 너의 앞에서
빈자(貧者)의 가벼움으로
성큼 성큼 뛰어간다 해도
내 결코 후회하지는 않으리
살아가는 자의 행복이
기름진 소유의 의미만으로
되어진다 하더라도
살아가는 자의 사랑이
손쉽게 거머쥐는
성급한 사랑놀이로
변해간다 하더라도
빈자의 가벼움으로
내 무거운 고통의 짐을
기꺼이 지고서라도
청청하게 휘어진
소박한 너의 길을
아름다운 너의 앞과
너의 등 뒤에서
후회 없이 따르고 싶다

— 〈길의 의미(意味)〉 全文

"내 무거운 고통의 짐을/기꺼이 지고서라도/청청하게 휘어진/소박한 너의 길을/아름다운 너의 앞과/너의 등 뒤에서/후회 없이 따르고 싶다" 라는 표현을 보자.

고통의 짐을 자신이 지고 아름다운 너의 앞을 따르고자 하는 시인의 희생적인 삶의 태도는 우리들 모두가 지향해야 하는 자세이리라. 강요하지 않는 조용한 웅변의 시에 공감하는 바이다. 이런 그의 희생정신은 [추의 무게]에서 정점을 이루는 것을 볼 수 있다. "포근하게/타인을 들어올리는/조용한 마음의 무게"와 "스스로를 완전하게 내어주는" 타인과의 관계성에서 겸손한 시인의 태도를 선포하고 있다. 해서 이 시가 천만(千萬) 독자에게 암송되고 사랑을 받고 있는 소이(所以)가 될 것이다. 포근하게 타인을 들어 올리는 조용한 마음의 무게야말로 타인에 대한 존중의 극치가 아닐 수 없다.

포근하게
타인을 들어올리는
조용한 마음의 무게이다
아름답게
타인을 선택하는
섬세한 균형의 무게이다
추의 무게가 가벼운 것은
스스로를 완전하게 내어주는
타인으로서의 의미가
되기 위해서다

— 〈추(錐)의 무게〉 全文

위의 시를 읽는 모든 독자들의 감동이 여기에서 그치지 않고, [처음의 그대]의 시처럼 다시 기다림의 미학으로 연결되는 것을 볼 수 있다. 기다림의 미학은 [고도를 향하여], [에덴동산의 서쪽]이라는 시에서도 강하게 나타나지만, 여기서는 [처음의 그대]를 중심으로 살펴보도록 하자. 아래의 시 [처음의 그대]에서는 "기다림"의 단어가 7번이나 나타나는 것을 볼 수 있다. 김 시인은 이 시에게 7번이나 강조하면서 무엇인가를 간절히 기다리고 있는 화자의 절실함을 토로하고 있다. 이는 우리들 모두의 바람일 것이다. 임을 기다리고, 방학을 기다리고, 휴일을 기다리고, 희망하는 모든 것이 이뤄지길 기다리는 것이 우리들 존재의 본질임을 그는 이 시에서 강조하며 독자의 공감을 얻어내고 있다.

푸르른 샛별
밤하늘에 수놓인 날
처음인 듯이 그대를 만나기 위해
처음인 듯한 그대를 기다린다
처음으로 그대를 사랑하고 싶었기에
마지막의 사랑처럼
그대를 기다린다
오랫동안의 그대를 위한
처음인 듯한 나의 기다림처럼
오랫동안의 나를 위한
처음인 듯한 그대의 기다림은
파랗게 떨고 있는 하나의 별이었다

푸르른 샛별
밤하늘을 스치는 날
처음인 듯한 그대를 만나기 위해
처음인 듯이 그대를 기다린다
마지막으로 그대를 사랑하고 싶었기에
처음의 사랑처럼
처음의 그대를 기다린다
오랫동안 그렇게 오랫동안
멀리 서 있는 너의 별 하나
기다린다

— 〈처음의 그대〉 全文

예시한 [화폐천국]이나 [거룩한 도시]와 같은 시들은 인고와 기다림, 그리움의 감수성을 넘어 현실을 냉철하게 비판하는 시정신을 보여준다.

욕망의 정점과 희망
최고의 경지에 올라섰지만
결국은 한 장의 종이로 탄다
무한의 희열과 가치
완전한 목적을 이루었지만
결국은 한 장의 종이로 탄다
지상의 모든 것을 소유했지만

결국은 한 장의 종이로
무의미하게 탄다
존재의 모든 것을 흔들어대었지만
결국은 한 장의 종이로 쓸쓸하게 탄다
태우고 태우고 다시 태운다 해도
기어코 우리들 세상에 남고 싶은 것은
화폐의 천국(天國)이란
손쉬운 기쁨의 집요함이다
하늘 한줌 얻지도 못하고
사랑 하나 건네지도 못하는
고독한 화폐의 서글픔이여!

— 〈화폐 천국〉 全文

붉은 욕망의 폭죽이
대기층으로 수도 없이 피어올랐다
길바닥에 뒹굴고 있는 건
오염된 편견의 낙엽
허무한 문명의 잔재
희망찬 가치의 애드벌룬이
풍선처럼 머리 위로 떠올랐다
우리의 새날을 밝게 하는 건
그래도 정직하게
날카로운 바늘 한 개
날카로운 눈빛 하나

가장 빠른 빛과 정신의 가속도로
종횡무진 앞을 향하여 돌진
무소불능으로 가볍게 안착
꿈의 정거장으로
꿈의 신세계로
꿈의 시간 속으로
길바닥에 남아있는 건
울고 있는 포스터 하나
구겨진 지폐 한 장
풍요한 땅들의 소망이
푸른 나무를 성장하게 하고
신선한 날과 날들이
그래도 찬연하게
무궁한 밤하늘의 별들을
대지 위로 쏟아 부었다
다시 한 번 빛에 대하여 생각하라고
다시 한 번 거룩한 너에 대하여
기억하라고

— 〈거룩한 도시〉 全文

[화폐천국]은 요즘과 같은 물질 만능시대에 한 단면을 냉혹하게 비판하는 시이다. 화폐는 불통(不通)이라는 말이 있다. 물신(物神)이라는 말이 있다. 그러나, 물질에 노예가 되어 화폐에 무릎을 꿇고 사는

이 시대 모든 이들에게 경종을 울리는 시라고 할 수 있다. "하늘 한 줌 얻지도 못하고/사랑하나 건네지도 못하는/고독한 화폐의 서글픔이여!" 라는 표현을 보자. 화폐는 하늘 한줌, 사랑 하나 건네지 못하는 서글픔과 불에 타서 없어질 허무한 가치라는 것을 김 시인은 강조한다. 이어서 김 시인은 [거룩한 도시]에서 "구겨진 지폐 한 장/풍요한 땅들의 소망이/푸른 나무를 성장케 하고/신선한 날과 날들이/그래도 찬연하게/무궁한 밤하늘의 별들을/대지 위로 쏟아 부었다" 라고 노래하고 있다. 구겨진 지폐 한 장과 푸른 나무의 대조를 보자. 김 시인이 이 시를 통해서 강조하고 싶은 것은 노자의 사상과 연결된다고 할 수 있다. 무위자연(無爲自然)으로 돌아가 소유욕에서 자유를 얻고 인간 본연의 자세로 돌아가자는 그의 가치관에 공감을 보내지 않을 사람은 없을 것이다. 화폐를 얻기 위한 노력보다 푸른 나무가 푸르른 신선한 날들을 추구하길 소망하는 시인의 정신세계에 경의를 표하지 않을 수 없을 것이다. 또한, 이 시에서 "거룩함"과 "빛"을 추구하는 그의 시 정신과 "거룩한 너"라고 강조하는 시인의 외침에 귀 기울여 보자.

김 시인의 시는 어느 한 편도 소홀히 할 수 없을 정도로 주옥같은 시들이다. 한편 한편이 우리들 마음을 촉촉한 단비로 적셔주고도 남음이 있다. 여기서 그의 모든 시를 분석하기에는 지면이 달린다. 해서 그가 추구하는 세계관인 [촌수 없는 사람들]과 [아름다운 사람]을 살펴보고 이 글을 맺고자 한다.

희망의 나라에는 촌수란 없다
알맞은 때에 알맞게 사랑하라고
하늘은 아름다운 촌수를 만드셨다
하늘의 뜻에 따라 사람들도
아름다운 촌수를 똑같이 만들었다
봄 여름 가을 겨울이 수억 년을 지나도록
영원한 사랑의 관계를 만들었다
하늘과 사람들이 촌수를 만들었기에
하늘과 사람들은 촌수를 버릴 수도 있다
아름답게 촌수를 잊는다는 것이
알맞은 사람과 필요악이 사람까지
뜨겁게 사랑할 수 있다는
꿈같은 일들이 될 수도 있을 거다
촌수의 관계를 훌쩍 넘어선
사랑의 나라에는 촌수란 없다
꽃밭의 꽃들이
알맞게 서로가 어울리고
알맞게 서로가 위로를 하고
알맞게 서로를 치켜세우는
저 촌수 없는 사람들을
맑은 가슴으로 바라보라
꽃들의 세상에는 촌수란 없다
사람들의 세상에도 촌수란 없다
꽃들도 하나이고 사람도 하나이다

— 〈촌수(寸數) 없는 사람〉 全文

가족 이기주의라는 말이 있다. 자기 가족만의 이익을 추구한다는 뜻이다. 여기서 조금 더 나아가 학연과 지연으로 뭉쳐 집단 이기심으로 치닫는 것이 현실이다.

위의 시에서 볼 수 있듯이 김 시인은 "꽃들의 세상에는 촌수란 없다/사람들의 세상에도 촌수란 없다/꽃들도 하나이고 사람도 하나이다"라는 세계관을 노래하고 있다. 촌수를 뛰어넘어 꽃들처럼 하나가 되어 사해동포주의, 인류애(人類愛)로의 확장을 보이는 것은 놀라운 일이 아닐 수 없다.

쌀 한 톨의 우주가
입천장의 미로(迷路) 속을 넘어가려 할 때
빛들의 사계(四季)와 눈부시게 맑았던 하늘
구성진 바람의 소리들이
가득히 담겨져 있음을
겨자씨만큼이라도 느낄 수 있다면
아마도 그는
사랑이라는 넉넉한 가슴을 죄 없는 암탉처럼 품고 있을 거다
얼룩진 땀과 땀으로
기름지고 윤기 흐르는 쌀 한 톨이
때가 오면 만들어진다는 걸
아마도 그는
아주 오래전이라도
알고 있었을 것이 분명할 거다

아마도 그는
세상의 어떤 두려움이나
절여오는 숱한 고난들로부터
충분하게도 자유로울 수 있었을 거다
쌀 한 톨의 온전한 순교가
다시금 우리 몸의 깊은 곳에서
또 한 번의 부활을 하고 있다는 걸 깨닫는 순간
아마도 그는
"아름다움"이라는 것에 대하여
진실로 접근하게 되는 사람일 거다
경미한 것일수록
보잘 것 없이 작은 것일수록
소홀히 판단하려 들지 않는다면
아마도 그는
아름다운 사람으로
되어갈 수 있을 거다

— 〈아름다운 사람〉 全文

위의 시에서 김 시인은 "쌀 한 톨의 우주가/입천장의 미로(迷路) 속을 넘어가려 할 때" 라는 표현을 하고 있다. 쌀 한 톨에 우주를 담았다. "그 우주가 입천장의 미로 속을 넘어갈 때" 그는 자연에 감사하고 농부들에게 감사하는 겸손한 마음을 독자들에게 선포하고 있다. 그의 시 [쌀 한 톨이 없는 날]을 다시 읽어 보자. "따스한 쌀독의 가슴 위에/조용히 귀 기울여 보라"는 시인의 당부가 그의 시에서 날카로운 비수가 되어 우리들 가슴을 찌르고 있다. 빈자의 어려움 속에서 자연에 귀를 기울이고, 신의 음성에 귀 기울이면서 그는 시를 쓰고 인생을 사유했다.

이중섭 시인이 병원비를 밀린 채 서울 적십자 병원에서 병들어 굶어죽었다. 그는 그림을 그릴 도화지가 없어 담배를 싼 은박지에 못으로 그림을 그렸다. 그의 은지화를 한 미국인이 미국전시회에 알렸고 그는 미국에서부터 유명해지기 시작했다. 그가 살아있을 때 국밥 한 그릇 사주지 못하던 한국은 그가 세 들어 살던 서귀포 셋방을 문화관광지로 꾸몄다. 그의 미술관엔 사람들의 발길이 끊이질 않는다. 그가 노동자로 잠시 일했던 부산 어느 부둣가에도 이중섭의 예술인 골목이 조성되어 있다. 이중섭의 미술혼(美術魂)이 이제야 살아서 여기저기에서 추앙을 받고 있는 것이다. 김 원 시인의 시정신도 남다르다. 김 시인의 고집스러운 시쓰기와 고독한 시인의 길과 한국 문단은 무관한 듯하다. 그러나, 그의 시는 독자들의 가슴에 파고들어 희망을 주고 사랑을 전하고 그리움과 기다림, 역설의 시학으로 꽃필 것이다. 따스한 사랑을 갈구하며 기다리고 인내하는 시인. 쌀 한 톨 없는 날들을 인고하며 시쓰기를 구도(求道)로 삼고 시로 숨쉬기를 하고 있는 대한민국의 시인 김 원. "독자가 곧 하늘"이라고 믿는 김 시인은 "쌀 한 톨이 없는 날"의 역경을 넘어 서서 우리들에게 "물방울의 꽃들이 바다로 흐르는" 우주를 향한 원형으로의 회귀를 제시해 주고 있다.

텅 빈 쌀독은
거룩한 쌀 한 톨의
힘겨운 여정만을 생각하고
담담하게 기뻐한다
텅 빈 쌀독에
쌀 한 톨이 없는 날
쌀 한 톨의 인내와
쌀 한 톨의 눈물과
쌀 한 톨의 사랑과
쌀 한 톨의 비밀을
겸손히 기억하고 싶은 것은
함께 살아가는
텅 빈 쌀독의 부요함이다
쌀 한 톨이 없는 날
뱃속 안에 드러누운
가난하고 허기진
나의 무지(無知)들이여!
빈틈이 없는
따스한 쌀독의 가슴 위에
조용히 귀 기울여 보라

— 〈쌀 한 톨이 없는 날〉 全文

맑은 의미는
순결함으로 만나
씨 한 톨의 영혼을 품는다
맑은 존재는
그리움으로 다시 만나
사랑의 꿈들을 다시 이루었다
수분(水分)의 가벼움이
맑은 아침을 지날 때에
물방울의 꽃들은
빛과 함께 피어난다
너의 길들이
세상을 향할 즈음
물방울의 꽃들은 바다로 흐른다

— 〈물방울 꽃들은 바다로 흐른다〉 全文

위의 시는 인간이 걸어가야 할 아름다운 삶의 태도 - 존재의 태도를 암시해 주고 있다. 즉, 너의 길들은 세상을 초월하는 가장 아름답게 빛나는 영원한 길(이상향, 유토피아)로 연결됨을 읽을 수 있다. 물방울의 꽃들은 사랑의 완성을 꿈꾸는 유토피아적 존재의 씨 한 톨을 의미한다. 인간 존재를 물방울로 은유함은 사랑의 궁극적 구현을 희구하는 것이다. 이는 곧 빛과 생명의 영원성으로 이어짐을 알 수 있다. 이처럼 유토피아를 꿈꾸는 시인의 절대 의지에 독자들의 공감과 뜨거운 사랑이 모아지길 기도하며 글을 맺는다.

김 원

강원도 원주 출생
중원상사, 아세아의료기 대표 역임
창조문예 등단
한국문인선교회 총무
세계여행작가회의 감사

金源 시집

물방울꽃들은 바다로 흐른다

2016년 4월 1일 초판 인쇄
2016년 4월 5일 초판 발행

저 자 | 김 원
발행인 | 이 승 한
편 집 | 이 수 미
발행처 | 도서출판 엠-애 드
등 록 | 제 2-2554
주 소 | 서울시 중구 마른내로8길 30
전 화 | 02) 2278-8063/4
팩 스 | 02) 2275-8064
이메일 | madd1@hanmail.net

ISBN 978-89-6575-083-3 03810
값 10,000원

저자와의 합의하에 인지 첨부 생략합니다.
파본은 구입하신 서점에서 교환해 드립니다.
이 책은 저자권법에 의해 보호를 받는 저작물이므로
무단전재와 복재를 금합니다.